DEBUT D'UNE SERIE DE DOCUMENTS
EN COULEUR

LE PLUS URGENT

DES

SERVICES PUBLICS

LA

PROPAGANDE INTÉGRALE

PAR

Ferdinand CISTAC

POUR LA VENTE

S'ADRESSER

A L'IMPRIMERIE OUVRIÈRE

Rue Bayard, 53 - TOULOUSE

Prix de l'exemplaire : 0.15 : franco 0.20

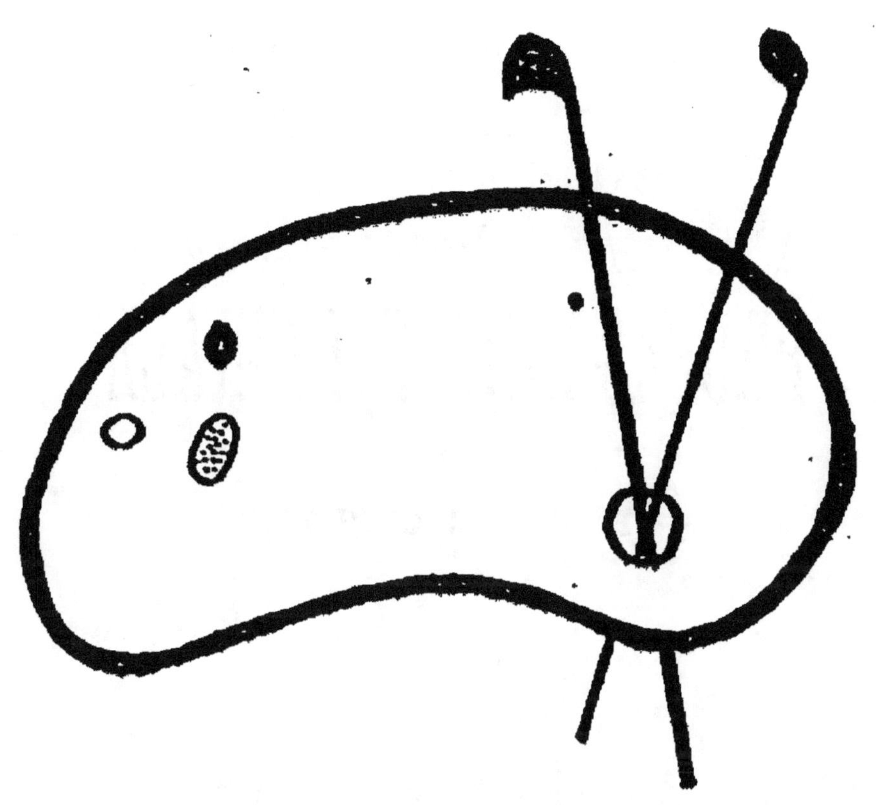

FIN D'UNE SERIE DE DOCUMENTS
EN COULEUR

LE PLUS URGENT

DES

SERVICES PUBLICS

LA

PROPAGANDE INTÉGRALE

PAR

Ferdinand CISTAC

TOULOUSE

IMPRIMERIE OUVRIÈRE

53, rue Bayard, 53

1906

8° Lb⁵¹

14300

AVANT-PROPOS

Les affaires publiques : impôt, justice, armée, production nationale, assistance et assurance sociales, peuvent se traiter suivant plusieurs systèmes différents.

Socialistes, radicaux, conservateurs *proposent chacun le leur.*

C'est au peuple qu'il appartient de dire lequel de ces systèmes sera appliqué. Il lui importe donc avant tout de reconnaître le meilleur; or, pour cela, il a besoin de les connaître tous. En a-t-il actuellement les moyens? Non. La plupart de nos concitoyens ignorent, de leur propre aveu, en quoi consistent exactement les doctrines offertes à leur choix.

Aussi, notre soin le plus pressant, ce doit être d'instituer un service qui nous renseigne parfaitement sur les vues de chaque parti.

La présente brochure a pour objet de mettre en lumière l'extrême insuffisance des moyens d'information civique dont le peuple dispose et d'esquisser le service public de propagande intégrale, d'ins-

truction électorale qui nous paraît le plus propre à vulgariser toutes les doctrines.

Nombre d'éducateurs et de penseurs s'affligent de l'ignorance politique où sont plongées les masses populaires.

M. A. Fouillée demandait naguère que l'instruction politique fût rendue obligatoire pour les électeurs comme pour les éligibles. M. Lavisse recommande aux instituteurs de « donner une attention particulière à l'instruction civique » des adultes qui fréquentent les cours du soir. M. E. Petit déplore qu'on néglige « de préparer à la vie civique, politique et sociale, ces milliers d'adolescents qui seront demain la démocratie maîtresse de ses destinées ».

Il est fâcheux que ces penseurs et ces éducateurs, unanimes à demander qu'on inaugure l'enseignement civique du peuple, ne nous indiquent pas un moyen pratique et régulier d'organiser cet enseignement.

Nous leur en soumettons un qui, à défaut d'autre mérite, a, ce nous semble, celui d'aller au plus pressé.

LA

PROPAGANDE INTÉGRALE

Dangers de l'ignorance civique

Chaque parti politique envisage à sa façon la politique étrangère. L'un d'eux n'aspire qu'à allumer la guerre ; l'autre la déclarerait assez volontiers dans une occasion propice ; un troisième est résolu à maintenir la paix coûte que coûte. C'est au peuple de décider par son vote laquelle de ces graves préoccupations présidera à la conduite de nos affaires extérieures. Si tous les partis s'expliquaient là-dessus avec la même franchise, le choix ne serait guère malaisé. Mais au temps des élections, il n'en est pas un qui n'étale un zèle extrême pour la cause de la paix internationale. Il n'y a qu'un moyen de savoir lequel d'entre eux mérite notre suffrage comme le meilleur soutien de la paix, c'est de nous informer des précautions par lesquelles chacun d'eux se flatte d'éviter la guerre. Tel juge bon d'augmenter à grand renfort de millions la puissance de notre armement; un autre compte sur l'arbitrage pour écarter les risques de conflit: un troisième estime que les plus sûrs moyens de garantir la paix sont les suivants : soumettre au contrôle du peuple tous les actes de notre diplomatie: proposer aux gouvernements de se concerter pour réduire à la même heure tous les armements. Or ces mesures sont très complexes et offrent des aspects fort divers; il faut beaucoup de renseignements et de loisir pour juger de leur efficacité et examiner mûrement les critiques qu'échangent à leur sujet les partisans des unes et ceux des autres. La plupart des citoyens manquent des moyens d'information nécessaires pour se livrer à une pareille étude. Faute de pouvoir apprécier la valeur des garanties que chaque parti nous offre, nous sommes exposés à faire un mauvais choix, et le bulletin de vote que nous accordons à l'un d'eux risque de nous revenir sous la forme effroyable d'un ordre de mobilisation.

Si le plus précieux des biens, votre vie, dépend du choix que vous faites en votant, l'effet de votre vote ne se borne pas là. Il tend à faire prévaloir l'un des systèmes d'impôt qui nous sont proposés. Chaque parti apporte le sien, et ces systèmes diffèrent tellement que, selon le résultat du scrutin, nos contributions seront augmentées, diminuées ou supprimées.

Or, c'est un problème difficile que le problème fiscal, du moins tel que l'énoncent la plupart des théoriciens; c'est chose épineuse que d'en étudier les solutions, et comme le plus grand nombre des gens n'en a pas eu les moyens, nous courons grand risque de ne pas adopter la bonne. En vain, le peuple votera-t-il d'instinct pour tout système fiscal qui proportionne l'impôt au revenu, on peut imaginer tant de modes d'impôt sur le revenu que ce serait un grand hasard si nous tombions sur le meilleur.

Ainsi l'ignorance où nous sommes plongés, compromet également notre vie et notre bourse.

En outre, les partis politiques conçoivent très diversement l'organisation sociale.

Le parti conservateur juge bon de garder la Société comme elle est. Le socialisme, au contraire, se propose de la transformer entièrement. Il veut mettre en commun les moyens de production afin de supprimer à la fois les misères du salariat, de la spéculation et de la concurrence. C'est-à-dire que, rachetant à ses possesseurs tant la propriété agricole que la propriété industrielle, il en confierait la gestion à des services publics. Les socialistes estiment que les diverses branches de l'activité nationale jouiraient ainsi, dans la plus large mesure, des avantages attachés à la grande exploitation : méthodes scientifiques, emploi illimité des machines, ce qui permettrait de leur faire produire au profit de tous les citoyens, avec le moins possible de fatigue et de frais, la plus grande abondance de fruits.

Le parti radical diffère du précédent en ce qu'il ne juge pas à propos de faire entrer dans le domaine de l'Etat toutes les entreprises privées. Il n'est d'avis de transformer en services publics que les industries qui sont devenues de véritables monopoles privés : mines, chemins de fer, raffineries de sucre et de pétrole, etc.

Il lui paraît légitime de socialiser ces exploitations, parce que, concentrées en un petit nombre de mains, elles sont « l'instrument de la domination de quelques-uns sur tous » et « donnent à leurs propriétaires le pouvoir de taxer et de rançonner à leur merci le groupe restreint des travailleurs qu'elles emploient d'un côté, la masse des consommateurs de l'autre ».

Quant aux industries qui n'ont pas atteint ce degré extrême de concentration, le parti radical n'en admet point la socialisation.

C'est à nous de faire triompher l'une ou l'autre de ces conceptions sociales ; mais nous sommes aussi embarrassés sur ce point que sur les autres, car il ne nous a pas été donné d'examiner le détail des divers modes de réforme sociale entre lesquels nous devons nous prononcer.

Il en est de même de toutes les questions qui sont soumises à notre suffrage : justice, instruction publique, assistance sociale, etc. Chacune des affaires publiques peut être gérée de différentes façons, lesquelles sont plus ou moins conformes, plus ou moins contraires à nos intérêts. Chaque parti nous propose son système de gestion, et comme nous ne possédons aucune institution qui nous enseigne ces systèmes, le jour du vote nous sommes sujets aux plus funestes méprises.

Nécessité d'éclairer le Suffrage universel

Quand un peuple proclame la République, c'est-à-dire se charge de diriger lui-même les affaires publiques, le bon sens veut qu'il commence par s'instruire de toutes les directions dont elles sont susceptibles. Libre de choisir entre les divers chemins qui s'ouvrent devant lui, sa grande affaire est de discerner avec certitude le meilleur. Pour cela, il est indispensable de voir clairement où mène chacun d'eux. Nous avons beau être libres, si nous ne sommes en même temps éclairés, les avantages de la liberté risquent fort d'être perdus pour nous.

Au temps des rois absolus, notre condition nous obligeait à subir le choix arbitraire du prince. Un beau jour, nous avons résolu de nous déterminer librement ; mais si nous avons négligé de prendre aussitôt les mesures qui nous avertiraient des avantages ou des dangers attachés à chaque détermination, notre sort n'a guère changé : au lieu de rester assujettis à la volonté d'un monarque, nous sommes soumis non moins passivement au hasard ou au préjugé.

Si les sujets d'une monarchie despotique sont poussés comme un bétail dans le chemin que le maitre a choisi, les citoyens d'une démocratie *ignorante* cherchent le leur les yeux fermés.

Certes, il vaut encore mieux ne se guider qu'à tâtons, pourvu que ce soit sans contrainte, que d'être condamné à subir l'impulsion d'autrui. A force d'erreurs et de mécomptes, nous pouvons nous flatter de trouver enfin la bonne route. Mais, hélas ! l'expérience a montré combien sont lents et périlleux ces tâtonnements populaires.

Allons, le droit de choisir sa voie n'est qu'un droit dérisoire si nous n'avons pris les précautions nécessaires pour choisir du premier coup la plus sûre.

En nous proclamant souverains, nous déclarons qu'entre les doctrines de M. Ribot, de M. Bourgeois, de M. Jaurés, c'est celle qu'il nous aura plu d'adopter qui sera mise en pratique. Or, devons-nous commencer par en appliquer une ? Non, les unes et les autres étant obscures pour nous, le premier acte de notre souveraineté ne saurait être d'appliquer l'une d'elles, mais de les éclaircir et de les vulgariser toutes.

Quelles mesures avons-nous prises à cet égard ? Nous avons proclamé la liberté de la presse, la liberté de la parole, le droit de réunion. C'est-à-dire que nous avons *autorisé* toutes les doctrines à se répandre. Mais ce n'était pas assez de leur accorder ce droit ; il fallait en outre leur ménager les moyens pratiques de le mettre à profit.

Nous avons dit aux diverses opinions politiques : Libre à vous de venir à nous, si vous le pouvez, c'est-à-dire si vous êtes assez richement dotées pour faire face aux frais du voyage. Comme si, au cas où elles n'eussent pu arriver jusqu'à nous, il n'était pas de notre intérêt le plus haut d'aller au-devant d'elles.

Nous avons été tout aussi déraisonnables qu'un homme qui, souffrant d'être dans l'obscurité, parlerait à sa lampe en ces termes : « Je t'autorise à m'éclairer, seulement je ne t'allumerai point ; arrange-toi, c'est ton affaire et non la mienne. »

« Voulez-vous vous faire connaitre ? avons-nous dit aux diverses opinions, servez-vous de la presse et de la parole si vous le pouvez, et si vous ne le pouvez pas, tant pis pour vous ! » Or c'est nous qui allions pâtir de leur impuissance ; c'est nous qui en pâtissons. La liberté de la presse et de la parole n'a pas suffi à notre instruction politique. Pour nous en convaincre, nous n'avons qu'à interroger nos concitoyens, ceux de la ville comme des champs. La plupart nous avoueront qu'ils ignorent, ou peu s'en faut, en quoi diffèrent les divers systèmes politiques dont il s'agit.

Certes, il est dans l'ordre des choses que le peuple n'ait pas trouvé tout d'abord le moyen le plus parfait de s'éclairer. On n'atteint pas la perfection dès la première tentative. Mais lorsque est venue l'épreuve du scrutin, s'apercevant qu'il ne connaissait point les partis politiques entre lesquels il avait à opter, il a bien dû reconnaitre que ses moyens d'information ne valaient pas grand'chose. Et si l'insuffisance de ces moyens ne lui permettait pas de voter à coup sûr pour la meilleure des doctrines, du moins le sens commun lui conseillait de voter des mesures plus propres à la lui faire découvrir pour une autre fois.

Il n'en a rien fait. En vain l'insuffisance des moyens d'information dont il dispose lui est-elle apparue de la façon la plus sensible à chaque élection. il ne s'est pas encore avisé d'en essayer d'autres ; et, alors qu'il n'aurait qu'un signe à faire pour obtenir toute la lumière désirable, il vote encore à tâtons.

Insuffisance de nos moyens d'information civique

Il s'en faut de beaucoup, disions-nous, que les libertés de la presse et de la parole suffisent à familiariser le peuple avec les questions politiques, économiques et sociales sur lesquelles il doit prononcer.

Examinons de près à quoi tient leur insuffisance; nous verrons ensuite par quels moyens on peut y remédier.

La Presse

Pour nous former une opinion éclairée sur les affaires publiques, nous aurions besoin d'acheter autant de feuilles différentes qu'il y a d'opinions opposées; malheureusement, le plus grand nombre des bourses est hors d'état de satisfaire à une pareille condition.

Aussi, beaucoup de nos concitoyens ne lisent qu'un journal, et ceux qui n'en lisent aucun sont plus nombreux encore. Les uns sont mal renseignés et les autres ne le sont point du tout.

Quand même le peuple pourrait retrancher sur son salaire de quoi se procurer assez de journaux, le travail quotidien auquel il est assujetti ne lui laisserait guère le loisir de les lire; et quand même les travailleurs prendraient ce loisir sur le temps si restreint de leur repos, chaque soir ils rentrent si harassés de l'usine, de l'atelier ou des champs que leur esprit n'a plus la vivacité nécessaire pour faire avec fruit une lecture sérieuse. Comment obtenir un effort de l'intelligence quand le corps est à bout d'efforts?

Enfin, par surcroit, la presse ne s'accommode nullement au modeste degré d'instruction des lecteurs populaires. Son langage comme ses procédes d'exposition font voir combien peu elle se soucie de leur faire saisir ses enseignements. Les journalistes usent communément d'un parler abstrait, entortillé, verbeux et tendu, et dans leur vocabulaire hurlent, tous à la fois, les termes les plus bizarres et les plus rébarbatifs de la chicane. Il semble qu'au lieu de descendre jusqu'à notre niveau, un trop grand nombre d'entre eux se tienne, comme à plaisir, hors de notre portée.

Si chez eux le langage n'est guère clair, la matière n'est pas plus méthodiquement exposée. S'ils avaient véritablement le souci de travailler à l'initiation civique des masses, s'ils se proposaient franchement de nous initier aux questions agitées, ils procéderaient avec nous comme avec des gens qui n'en connaissent pas le premier mot, ce qui est à peu près notre cas. Ils commenceraient par étaler sous nos yeux tous les éléments de ces questions et ils ne nous mèneraient de ce que nous aurions une fois appris à ce que nous ignorerions encore qu'en réglant attentivement leur pas sur le nôtre.

La presse songe bien, vraiment, à prendre tant de précautions. Non seulement elle oublie de nous expliquer les données des problèmes qui nous intéressent, mais aucun journal ne nous fait le détail des solutions même qu'il recommande. C'est à peine s'il les effleure par allusions, par échappées, se contentant de nous en vanter l'excellence. En un mot, la presse agit envers nous comme si nous étions des initiés ; et, en réalité, elle ne s'adresse qu'au petit nombre de ces derniers.

Décidément, si le peuple veut s'enquérir de ses affaires, il lui faudra chercher autre chose.

La Parole

Toutes les opinions ont également le droit de se propager par le moyen des conférences et des discussions publiques. Seulement pour exercer ce droit d'une façon profitable, les unes sont bien mieux partagées que les autres.

Les tournées de propagande occasionnent de grandes dépenses : frais de voyage, d'hôtel, de restaurant. Le parti qui a le plus d'argent à son service est donc celui qui peut répandre et entretenir dans le pays le plus grand nombre de propagandistes. Ainsi sa doctrine aura de multiples avantages qui sont : d'être connue, de l'être à l'exclusion des autres et de pouvoir attaquer celles-ci sans qu'il leur soit loisible de se défendre. Ne connaissant qu'elle, n'en entendant dire que du bien et des autres que du mal, le peuple sera amené à regarder comme la meilleure celle qui a le plus d'or à sa disposition ; en quoi il risque fort de se tromper.

N'avons-nous pas à craindre d'autres causes

d'erreur ? Ce serait, pour chaque parti, un grand point de mettre en ligne autant de propagandistes que ses rivaux, mais cette condition ne suffirait pas pour permettre au peuple de porter sur chacun d'eux un jugement sûr. Tous les orateurs ne seraient pas, à beaucoup près, également habiles, et entre les diverses opinions, il serait à craindre que nous ne considérions comme la plus légitime non celle qui l'est, en effet, mais celle que l'art de persuader aura parée des couleurs les plus séduisantes.

Si notre sens critique était plus exercé, il nous préserverait de ces illusions; toute la magie du plus parfait rhéteur s'évertuerait en vain à nous faire prendre le faux pour le vrai, et la vérité la plus grossièrement vêtue nous plairait mieux que l'erreur la mieux déguisée. Mais il paraît que nous sommes loin d'être assez sensés pour cela. Qu'on lise, pour s'en convaincre, les pages si fines et si fortes que M. Gache à écrites sur ce sujet dans la *Rhétorique du Peuple*.

Outre que les ressources pécuniaires et oratoires des diverses doctrines sont fort inégales, il faut convenir que la plus favorisée à cet égard est elle-même loin d'avoir tous les avantages désirables.

En effet, pour être parfaitement répandue dans tout le pays et claire dans tous les esprits, il lui faudrait entretenir en même temps sur tous les points du territoire ses hommes les plus éclairés et les plus éloquents. Or, par quel moyen faire que MM. Ribot, Deschanel, Brisson, Clemenceau, Guesde, Jaurès, etc., soient présents à la fois en tous lieux ? Sans compter qu'il ne suffirait pas d'opérer une fois ce miracle, qu'il faudrait le répéter fort souvent, car l'explication complète d'une doctrine politique, économique et sociale demanderait un grand nombre de séances, et ces messieurs auraient besoin pour mener la chose à bien de garder très longtemps le don d'ubiquité.

La mieux servie et la plus royalement rentée de toutes les doctrines possibles est loin d'avoir des propagandistes sur tous les points et surtout des propagandistes aussi éminents que ceux dont nous citons les noms ; en sorte que le peuple ne possède qu'une notion fort confuse de la doctrine même qu'il connait le mieux.

Si leurs moyens de propagande sont par trop insuffisants et inégaux, les partis ont encore le tort d'attendre pour déployer leurs efforts les plus vigoureux l'occasion la moins propice, qui est le temps des élections. Ce temps-là est précisément celui où le peuple se trouve le moins en état de juger sainement des opinions qui lui sont proposées. La veille du jour où il s'agit de faire prévaloir l'une d'elles, il est trop tard pour soumettre utilement la nôtre à l'épreuve de la critique. Il est trop tard pour apprécier équitablement la valeur des autres. A l'heure où l'un des partis va l'emporter, on ne saurait examiner de sang-froid celui que l'on a pris, ni chercher en philosophe s'il serait bon d'en changer.

Durant cette quinzaine de fièvre et d'orage qui précède le scrutin, quiconque s'avise de nous parler raison se heurte à une prévention intraitable. La passion seule est alors de saison.

Enfin eussent-ils l'esprit le plus libre et le cœur

le plus exempt de préjugés, en si peu de temps on ne saurait apprendre à la multitude des ignorants qu'une part infime des choses qu'ils ignorent.

Il est donc bien établi que la liberté de la presse, de la parole et des réunions est loin de suffire à l'initiation civique du peuple.

Un service public de propagande intégrale

Que faut-il pour remédier à ce fâcheux état de choses ? Qu'un jour, déférant à la volonté d'un Parlement sincèrement démocratique, le gouvernement invite les partis à expliquer, chacun dans une étude particulière, les vues qu'ils entendent appliquer à la conduite des affaires publiques.

Si, par impossible, un parti refuse de répondre à cet appel, le ministre de l'instruction publique désignera d'office un rapporteur qui définira de son mieux la doctrine revêche à l'aide des écrits, livres, brochures, manifestes, discours, où les éléments en sont épars.

Chaque étude comprendra, en outre, l'exposé des considérations que le parti allègue pour la défense de ses idées et la critique qu'il fait des opinions professées par les autres partis.

Ces études particulières seront imprimées aux frais de l'Etat, soit dans un même recueil, soit séparément, et les exemplaires en seront distribués par les soins du ministre à toutes les municipalités du pays.

Un citoyen sera désigné pour en faire la lecture

à haute voix devant les électeurs réunis le samedi soir, dans une des salles de la mairie ou de l'école.

Le rôle du lecteur sera réglementé de telle sorte que celui qui le remplit n'en puisse sortir en rien, ni, partant, se risquer à celui de commentateur.

Il sera prescrit aux auditeurs d'écouter la lecture en silence et de s'abstenir, tant qu'ils resteteront dans la salle, de toute observation, interpellation ou colloque touchant les questions politiques.

L'emploi du lecteur est très facile à remplir, et il sera aussi aisé de trouver un citoyen qui s'en acquitte à souhait.

Cependant s'il en est un à qui cet office convienne mieux qu'à personne, c'est l'instituteur. Non que celui-ci n'ait déjà, dans l'éducation des enfants, une assez rude tâche à accomplir. Les statistiques médicales rangent la profession d'instituteur parmi celles où la mortalité atteint le chiffre le plus élevé. Mais il y aurait moyen de lui confier cette nouvelle mission, sans l'astreindre pour cela à un surcroît de labeur. Ne pourrait-on alléger son service ordinaire d'une part égale au temps que demanderait l'éducation civique des adultes?

Que l'on retranche toutes les semaines une heure aux travaux scolaires ; on ne causera par là aux enfants qu'un dommage insensible, et il n'en faudra pas davantage pour nos séances de lecture.

Quant aux auditeurs, en dépit de l'apparence, le joug du règlement leur paraîtra léger. Certes, c'est, d'ordinaire, une rude contrainte que d'assister sans souffler mot à un débat où sont en jeu nos intérêts les plus chers, Or, en pareil cas, quel est le démon qui nous pousse à parler? Le désir d'approuver, de combattre ou de défendre. Mais nous renoncerons volontiers au plaisir de marquer tout haut notre assentiment, et nous nous contenterons bien d'une adhésion mentale, si nous considérons que cette manière discrète d'applaudir à nos idées est la plus propre à les servir. Bien des gens aiment à se persuader que, s'ils se rangent à un avis, c'est de leur propre mouvement. Ils ne souffriraient pas que leur voisin eût l'air d'y être pour quelque chose. Aussi, en manifestant bruyamment nos préférences nous risquons d'en effaroucher plus d'un qui allait les partager. Il ne nous en coûtera donc guère d'observer la réserve réglementaire.

Chaque parti prendra pour champions les plus autorisés de ses membres; aussi, au cas où nous serions tentés d'attaquer telle opinion qui nous déplait, nous songerons que son plus redoutable adversaire lui réserve des coups autrement dangereux que les nôtres. et nous nous tairons sans trop de peine.

Par la même raison, nous souffrirons sans impatience qu'on épluche notre opinion, à l'idée que la voix la plus éloquente s'élèvera pour le justifier.

Bref, le parallèle de toutes les doctrines se poursuivra dans des conditions tellement favorables à chacune d'elles que la consigne du silence ne sera dure à personne.

Avantages de ce système

Sans parler de l'évidente simplicité de son fonctionnement, un tel système aurait le mérite de procurer les mêmes ressources matérielles à tous les partis,

Tel, que le manque d'argent et de propagandistes a jusqu'ici empêché de cheminer pourra désormais se répandre de tous côtés aussi facilement que ses concurrents.

Toutes les doctrines seront également connues, et, de la sorte, celle à laquelle le peuple accordera la préférence ne devra la victoire qu'à une supériorité véritable.

Un tel système a donc cela pour lui que les partis s'y mesurent à armes égales.

En outre, il opère ce prodige de mettre au service de chacun tous les avantages qu'il puisse souhaiter. En effet, toute doctrine politique aura pour avocats sur tous les points du territoire et aussi longtemps qu'il en sera besoin ses théoriciens les plus écoutés.

Songez que MM. Méline, Clemenceau, Jaurès, de Mun seront soudain multipliés à l'infini, et que, de la sorte, chaque doctrine se trouvera traduite de la manière la plus fidèle et la plus séduisante jusque dans les moindres endroits ruraux.

Bien mieux, si éminent que soit le talent de ces orateurs et lors même que ce talent serait, comme chez Jaurès, du génie, chacun d'eux deviendra en cette affaire supérieur à soi-même. C'est qu'ils auront pour auxiliaires, dans la préparation de leur travail, les plus éclairés de leurs amis politiques, et l'œuvre qui sortira d'une telle collaboration fixera de la façon la plus parfaite les vues de chaque parti.

Il faut convenir, en outre, que ce mode de propagande trouvera le peuple dans les dispositions d'esprit les plus propres à juger sainement des choses.

A mesure qu'il nous éloigne de la période électotale, le temps apaise heureusement les passions qu'avait excitées le scrutin. Si, au moment d'agir, nous étions incapables de raisonner les mobiles de notre acte, peu à peu la raison reprend sur nous ses droits. En s'adressant au public, durant les longs intervalles où l'action fait place à la réflexion, les différentes conceptions trouveront un accès plus facile dans les intelligences. Jusqu'ici, au lieu de profiter du temps où les esprits accueilleraient le plus volontiers leurs idées, les partis les ont réservées pour l'heure la plus inopportune. Vraiment, notre méthode est plus conforme au sens commun que la pratique actuelle.

Tout y contribuerait à donner aux citoyens les notions les plus claires sur les desseins des partis.

Sachant qu'au cours de nos séances personne ne sera admis à se faire leur interprète, les différents rapporteurs rivaliseront de clarté et de simplicité, et le peuple applaudira volontiers à une émulation si profitable pour lui.

Ajoutons qu'il ne sera pas besoin non plus de recommander à ces jouteurs un langage amiable.

Ils craindraient trop de rendre leur cause suspecte s'ils la plaidaient sur un ton injurieux. Car les insultes peuvent faire plaisir aux partisans que l'on a, mais elles ne font pas de partisans. Elles ne vaudraient rien devant la foule des neutres et des indifférents qu'il importe de gagner.

La courtoisie des polémiques réhabilitera la politique dans l'esprit de maints citoyens qui ne la condamnaient qu'à cause des querelles et des brouilles dont elle est trop souvent la source.

Enfin, cette méthode est la plus sûre pour venir à bout des préjugés, parce qu'elle ne met en jeu que les idées toutes seules. Ceux qui les exposent ne paraissent pas personnellement devant nous; aussi, avons-nous l'illusion de déférer uniquement à la vérité, et nous le faisons de bonne grâce, tandis qu'il en serait peut-être autrement si nous avions affaire à un propagandiste venu là, en personne, pour nous convertir. L'amour-propre en est cause : nous sommes fâchés qu'un homme ait raison contre nous, et nous sommes tentés de nous raidir contre la raison pour n'avoir pas l'air de céder au raisonneur.

Grâce à un pareil système l'instruction et l'éducation seront données au peuple dans les conditions les plus heureuses.

Objections

Les bons apôtres qui ont toujours à la bouche le mot d'économie, reprocheront peut-être à ce système les dépenses nouvelles qu'il occasionnerait.

Répondons-leur qu'en pareil cas il ne serait pas sage de lésiner, que la lumière étant pour un peuple le premier des biens, celui dont tous les autres dépendent, il ne doit rien épargner pour se la procurer.

Allons au-devant d'une autre difficulté : « Pensez-vous, dira-t-on, que les hommes considérables qui brillent à la tête des partis consentiront complaisamment à jouer de la plume sur un signe gouvernemental ? » N'en doutez point. Les hommes que les divers partis choisiront pour avocats s'acquitteront très volontiers de leur mission.

Nous voyons qu'ils n'épargnent pas leur peine à la tribune ou dans la presse. Quand vient le temps des élections, ils n'hésitent pas à quitter les douceurs de la famille et la tranquillité du cabinet pour tenter dans les réunions publiques un effort bien plus rude et bien moins décisif. Pourquoi se déroberaient-ils à une nouvelle occasion de défendre leur cause ? Ils s'empresseront, bon gré mal gré, d'entrer dans ce tournoi suprême, car le sort de chacun y sera irrévocablement décidé.

La comparaison rigoureuse de toutes les doctrines est le plus sûr moyen de mettre la meilleure en évidence. Or, chaque parti donne la sienne pour la meilleure. Ceux qui, en cela, sont de bonne foi, applaudiront ardemment à un système de propagande qui, mettant en parallèle tous les programmes, démontrera d'une façon éclatante la supériorité du leur.

Pour ceux qui savent leur cause mauvaise, quelque effroi que leur inspire cette mortelle épreuve, comme ils se condamneraient eux-mêmes les premiers s'ils prétendaient s'y soustraire, ils feront bonne contenance, ne fût-ce que pour retarder un peu leur dernière heure.

Agissons

Que faut-il pour que cette heureuse innovation s'accomplisse sans tarder? Que, d'une commune voix, le peuple l'impose à tous ses représentants; que les groupes démocratiques, radicaux et socialistes, invitent instamment leurs élus à entreprendre, dès à présent, l'œuvre de l'éducation civique intégrale.

L'accueil qu'un pareil vœu recevra dans chaque parti sera pour le peuple un premier et précieux avertissement. Il regardera avec raison comme ses meilleurs amis ceux qui se seront le plus empressés à lui procurer la lumière; quant aux autres, il leur dira : « Le bandeau que j'ai sur les yeux m'empêche de distinguer nettement ce qui m'est salutaire et ce qui m'est nuisible. Vous, à qui il répugne de dénouer mon bandeau et à qui, partant, il plait que je reste encore exposé à me tromper, vous êtes mes ennemis. »

Que le peuple tout entier, par la voix irrésistible de ses groupements politiques, exige de ses mandataires la création d'un service public d'information civique, d'instruction électorale; et le progrès social, s'orientant en plein soleil, réparera rapidement le temps qu'il perdit à errer dans la nuit.

Ferdinand CISTAC.

Imprimerie Ouvrière, 53, Rue Bayard, Toulouse.

BIBLIOTHEQUE NATIONALE
Désinfection 19 81

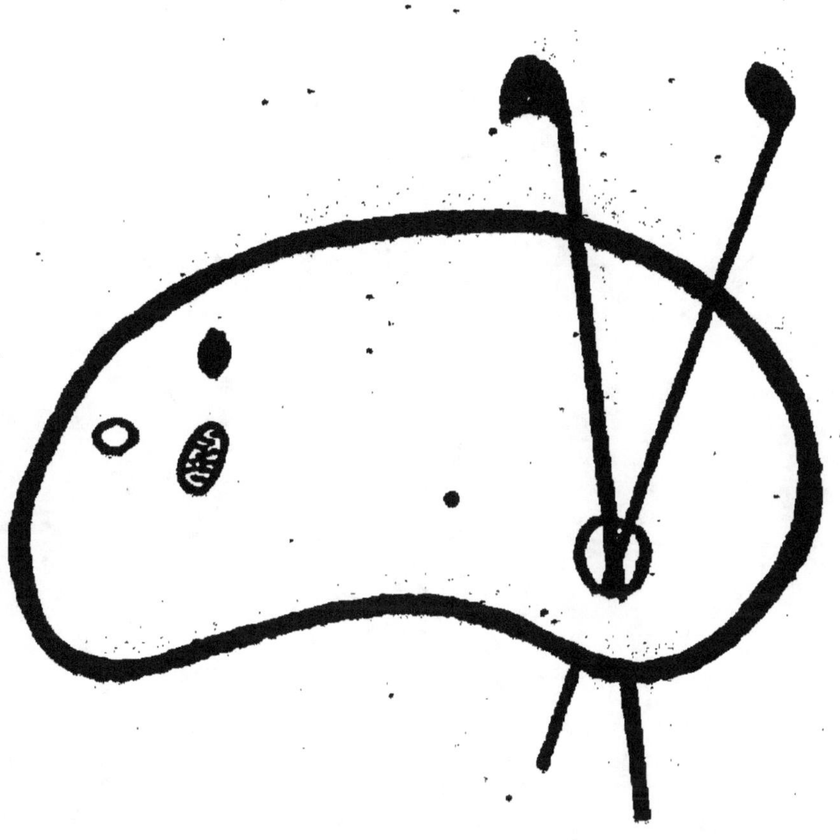

ORIGINAL EN COULEUR
NF Z 43-120-8

www.ingramcontent.com/pod-product-compliance
Lightning Source LLC
Chambersburg PA
CBHW061745060726
47597CB00007B/2770